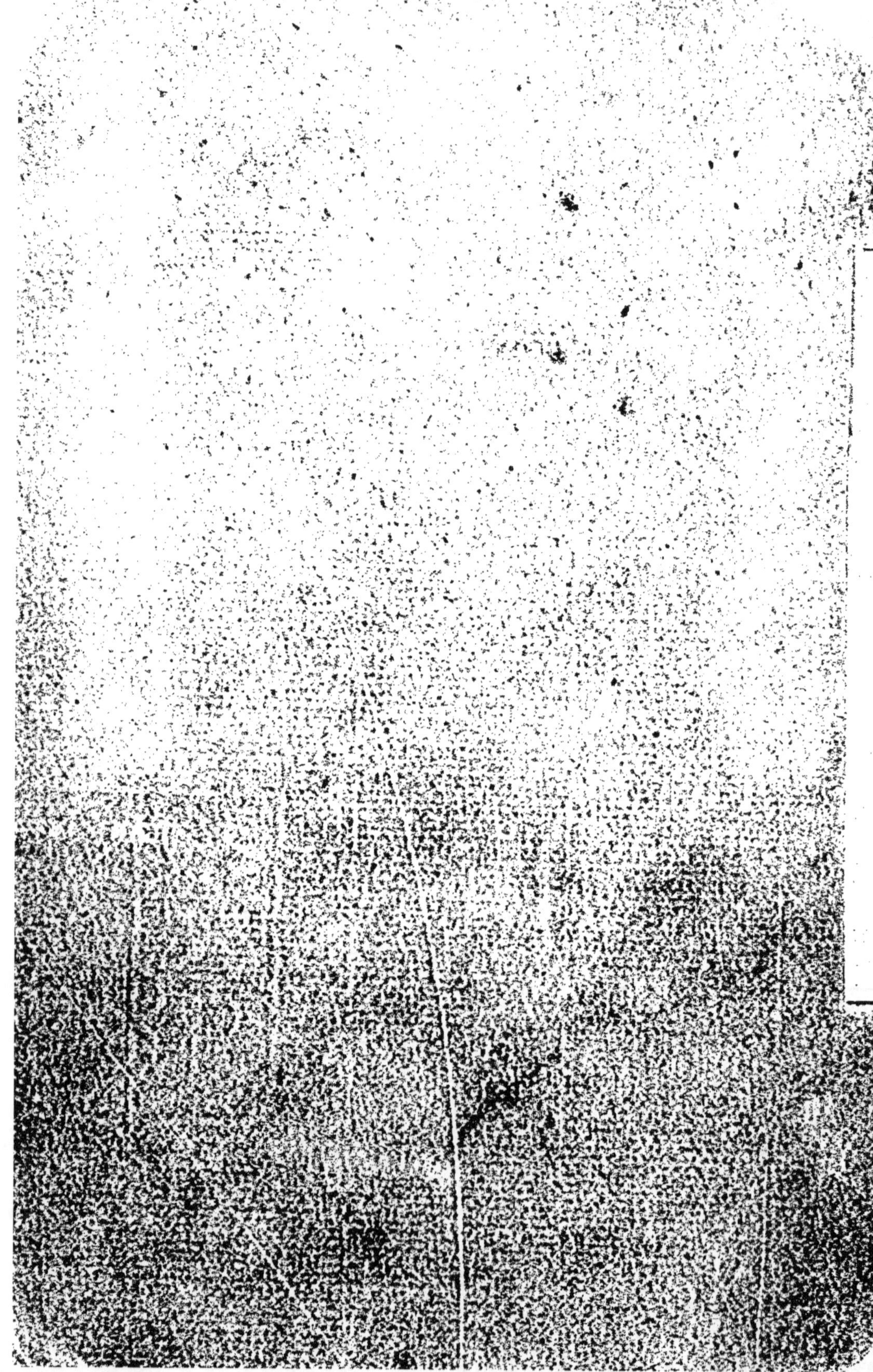

L'INTERNATIONALE

SON HISTOIRE ET SES PRINCIPES

PAR

B. MALON

PROPAGANDE SOCIALISTE

—

1872

Les pages suivantes ont été publiées dans la *République républicaine*, journal radical de Lyon, en janvier 1872. Elles étaient précédées de la lettre dont voici le texte :

Citoyen rédacteur de la *République républicaine*,

Vous m'avez demandé de traiter, dans votre journal, les questions sociales, en commençant par l'exposition des principes de l'*Internationale*. Nous ne sommes pas, vous et moi, en complète communion d'idées. Vous paraissez n'avoir point renoncé à croire à la valeur de telle ou telle personnalité pour l'affermissement de la République et la régénération de la France.

Plus que jamais, après les derniers événements, je ne crois qu'à la valeur des institutions.

Mais en ce temps-ci le socialisme a trop peu d'occasions de s'expliquer pour que je néglige celle que vous m'offrez, et je considère comme un devoir d'exposer à vos lecteurs ces doctrines si peu connues et tant calomniées.

Plus d'un, je l'espère, se trouvera de mon avis.

Salut et solidarité.

B. MALON.

L'INTERNATIONALE

I

Origines et raison d'être de l'Internationale.

Peu d'institutions dans le monde ont été si défigurées, si calomniées, si peu comprises par leurs adversaires que l'*Association internationale des travailleurs*.

Les conservateurs qui ne reconnaissent pas à la révolution d'autres causes que les agissements et les complots des sociétés secrètes, ont attribué la fondation de la grande association à MAZZINI et à BLANQUI.

Selon les bonapartistes, l'*opposition* n'était pas étrangère à son idée première.

A leur tour, les libéraux et les républicains bourgeois virent dans l'Internationale une agence de bonapartisme.

Aujourd'hui, c'est différent; tous les partis, conservateurs, monarchistes ou libéraux s'unissent contre elle, la déclarent atteinte et convaincue d'assassinats, d'incendie et de tous les crimes inexpiables ; et, en conséquence, ils demandent au ciel et à la terre sa suppression radicale et l'extermination de tous ses membres, sous prétexte que la *Société* doit se défendre.

D'abord MAZZINI a si peu participé à la fondation de l'*Internationale*, qu'il n'a cessé d'en être l'ennemi le plus acharné. Après la chute de la Commune de Paris, il a lancé contre elle un anathème qui fera tache dans sa vie politique.

Quant à BLANQUI, dès sa fondation. il s'en était fait l'adversaire déterminé. C'est ainsi qu'au Congrès de Genève (1866) il avait organisé contre elle un véritable coup de force, sous prétexte qu'il fallait la jeter dans la voie révolutionnaire. Cette échauffourée divisa pour bien longtemps les internationaux et ceux qui suivirent l'inspiration blanquiste.

D'ailleurs, comment l'*Internationale*, qui était la négation de la conspiration, dont elle proclamait l'impuissance ; qui voyait l'œuvre révolutionnaire dans la propagande en plein soleil, dans l'agitation publique des questions politiques, économiques et sociales, momentanément étouffées par le malfaiteur de décembre, et dans l'alliance de tous les opprimés, de tous les exploités, dé tous les souffrants contre leurs maîtres politiques et industriels, comment aurait-elle pu s'attirer la sympathie des deux plus célèbres conspirateurs du dix-neuvième siècle, dont elle remplaçait l'action par une action totalement opposée ?

Secondement, il faut beaucoup de bonne volonté pour croire que les hommes qui devaient plus tard être les hommes funestes du 4 septembre, aient pu un instant être sympathiques à l'*Internationale*. Ils avaient massacré le prolétariat, en juin 1848. De quel front seraient-ils venus tendre la main aux fondateurs de l'*Internationale* ? D'abord, cette main aurait été repoussée. car il n'a pas été besoin d'arriver à la lugubre année de 1871 pour savoir quelle haine couvait dans ces cerveaux bornés et impuissants contre le socialisme, qu'ils n'ont même jamais compris. Au reste, rendons-leur cette justice, qu'ils n'ont jamais cessé d'attaquer cette représentation des prolétaires organisés. Ce sont eux surtout qui lui ont reproché d'avoir des attaches bonapartistes.

Cette dernière calomnie est par trop absurde pour mériter une réfutation, et la magistrature. impériale s'est, du reste, chargée de ce soin, en persécutant, en emprisonnant sans cesse les membres influents de l'association, que le 4 septembre est venu délivrer des maisons centrales où les avait jetés l'empire.

Qui a donc fondé l'*Internationale* ?

Pas plus qu'elle n'a de maîtres, l'*Internationale* n'a de fondateurs ; elle est sortie vivante, pleine d'avenir, des nécessités sociales de notre époque et des douleurs croissantes de la classe ouvrière.

Etait-il donc si difficile aux ouvriers de voir, après les massacres d'ouvriers qu'avait consommés la monarchie orléaniste à Paris, à Lyon, à Mulhouse, à Saint-Etienne, etc.; après les massacres de Rouen (avril 1848), après l'inexpiable hécatombe de juin; était-il si difficile aux ouvriers de voir que l'antagonisme social croissant toujours par les empiètements successifs et l'enrichissement croissant de la bourgeoisie, le prolétariat n'avait plus à compter que sur lui-même et à s'organiser pour se défendre ?

L'idée internationaliste, c'est-à-dire l'idée de l'organisation des forces éparses du prolétariat et de la fédération des groupes ouvriers, entre dans sa phase positive en 1849.

A cette époque, malgré le désastre de juin, les sociétés ouvrières continuaient leur mouvement ascendant. Sous l'impulsion de trois femmes, PAULINE ROLAND, JEANNE DEROIN et LOUISE NICAUT, aidées de quelques chefs d'association parmi lesquels DELBRUCK et BLAISON, une *fédération* des sociétés ouvrières françaises s'organisa, et déjà, rue Michel-le-Comte, siégeait le Comité fédéral des sociétés parisiennes, prêt à rayonner sur la France, quand la police des Bonaparte, à l'instigation de ce même Dufaure qui semble prédestiné à étouffer en France le droit d'association, jeta, en 1850, ce Comité dans les prisons de la République.

Le deux décembre acheva la dispersion des dernières associations, et pendant dix ans, dans les masses ouvrières régna un sommeil de mort. Beaucoup purent croire à la mort définitive de la république et du socialisme dont les derniers représentants étouffaient dans les geôles bonapartistes ou sous le ciel de plomb des plages d'Afrique, de Cayenne et de Nouka-Hiva.

Vers 1860, la réaction qui venait de parcourir l'Europe finit par s'affaiblir.

L'orgie de compression et d'agiotage avait été suivie de l'une des crises industrielles les plus intenses qui aient jamais sévi sur l'Europe et sur l'Amérique à la fois.

Dans cette crise douloureuse, ainsi que je l'ai déjà exposé dans une publication récente (1), se dessina bien le rôle que joue le prolétariat vis-à-vis des détenteurs de la fortune publique et des directeurs de l'activité humaine.

« Lorsque les égoïstes et malhonnêtes spéculations de ces derniers eurent amené les désastres, ils en furent quittes pour un manque de gain, tout au plus pour la perte d'une fortune édifiée avec une scandaleuse rapidité, tandis que la classe ouvrière (hommes, femmes, enfants ; la grande industrie a tout pris), s'abîma dans une misère sans espoir, en proie à des privations mortelles. La faim, comme dans les années de disettes, hanta les grandes villes de la civilisation industrielle sous la forme d'êtres humains, au visage hâve, en haillons, qui avaient travaillé, au temps de l'activité vertigineuse, des 14, 15, 16 et 17 heures par jour, d'un travail exténuant, dans une atmosphère fétide, sous les rudes paroles, sous les insultes du contre-maître et les exigences croissantes du patron ou de la compagnie industrielle, et cela pour un salaire à peine suffisant à la misérable vie de l'ouvrier au jour le jour.

Maintenant sans travail et par conséquent sans res-

(1) *La Troisième défaite du prolétariat français.* Neuchâtel 1871.

sources, ils mouraient de misère pour la plus grande gloire de l'ordre, pour la plus grande sanctification des maximes bourgeoises : *Laissez faire, laissez passer* ; *chacun pour soi, chacun chez soi* ; pour la plus grande fortune de quelques parvenus de l'industrialisme. Les *cotonniers* de Rouen, les *fileurs* et les *tisseurs* du Nord de la France, d'Angleterre, d'Amérique, même les *canuts* de Lyon, les *passementiers* de Saint-Etienne, les *apprêteurs*, les *imprimeurs* et les *teinturiers* d'étoffes des environs de Paris, de Reims, de Lille, de Roubaix, de Mulhouse, tous souffraient à la fois.

Contre ces maux, la bourgeoisie ne sut que faire appel pour la forme à une charité impuissante et mesquine, et les ouvriers furent bien forcés de voir que, dans l'organisation sociale présente, les progrès mécaniques de l'industrie, l'universalisation de la division du travail augmentaient leur misère en même temps que la somme des produits, et produisaient ces longues crises, aussi mortelles pour eux, toute proportion gardée, que les disettes du moyen-âge l'étaient pour le peuple d'alors. Et vaguement, instinctivement, l'élite du prolétariat rêva l'affranchissement des déshérités et l'avénement d'un ordre social meilleur où l'égalité remplacerait les dominations de classe, où le travail, l'instruction et le bien être seraient le droit et le devoir de tous.

Nous voici donc arrivés à l'un des moments les plus solennels de l'histoire.

Les ouvriers du monde entier savent enfin à quoi s'en tenir sur le bon vouloir des classes possédantes et il court dans les centres industriels un souffle de délivrance : *Sauvons-nous nous-mêmes!* s'écrie-t-on dans la fabrique, dans l'atelier, dans la mine et dans l'usine. Coïncidence heureuse, la camisole de force dans laquelle étouffait l'humanité, craque de toutes parts ; un frisson inconnu agite les deux mondes :

Le peuple indien se révolte contre les capitalistes anglais.

L'Amérique du Nord combat et triomphe pour l'abolition de l'esclavage des noirs ;

L'Irlande et la Hongrie s'agitent ;

La Pologne s'est levée.

L'opinion progressiste en Russie impose au czar un commencement d'affranchissement des paysans slaves ; tandis que la jeunesse russe enthousiasmée par les écrits de TCHERNICHEWSKI, de HERZEN, de BAKOUNINE, se fait propagandiste de la révolution sociale.

L'Allemagne qu'ont agitée KARL MARX, LASSALLE, BECKER, BEBEL, LIEBKNECHT et autres, entre dans le mouvement socialiste.

Les ouvriers anglais qui conservent la tradition des *Chartistes* et le souvenir d'Ernest JONES et d'OWEN, sont en pleine agitation associationiste.

En Belgique, en Suisse, en Italie, en Espagne, les prolétaires s'aperçoivent que leurs politiques libéraux les trompent ; ils cherchent les moyens d'améliorer euxmêmes leur sort.

Les ouvriers de France, de cette nation qui a fourni au socialisme des initiateurs du nom de SAINT-SIMON, FOURIER, AUGUSTE COMTE, CABET, P. LEROUX, CONSIDÉRANT, PROUDHON et d'autres, et qui, par ses insurrections prolétariennes, a posé devant le XIXᵉ siècle les questions sociales à résoudre et l'ordre de justice à inaugurer, — les ouvriers de France sortent peu à peu de la torpeur où les ont plongés les défaites de 1848 et de 1851. »

De toutes parts, enfin, les prolétaires tendent à s'unir pour aider à la réalisation de leurs aspirations, vagues encore, mais ardentes.

Pendant que les membres des *Trade's Unions* (unions de métiers) d'Angleterre se demandent s'il ne serait pas possible, pour éviter les échecs partiels qui frappaient presque toutes leurs grèves, de créer et de solidariser des sociétés de résistance dans les pays industriels; pendant que quelques socialistes, proscrits de diverses nations et réfugiés à Londres, creusaient la même idée, un petit groupe d'ouvriers parisiens se réunissait secrètement dans un petit local du faubourg du Temple et cherchait les moyens pratiques *de solidariser tous les efforts isolés que font les ouvriers des deux mondes pour leur affranchissement commun.*

Sur ces entrefaites eut lieu l'Exposition de Londres (1862). Les chercheurs se rencontrèrent et se promirent de travailler avec une ardeur nouvelle à la fondation d'une *Association internationale des ouvriers.*

Ils tinrent parole, et deux ans plus tard, le 28 septembre 1864, il y eut à Londres un meeting, auquel assistèrent des ouvriers français, anglais, suisses, belges et allemands.

Le meeting avait pour but une manifestation en faveur de la Pologne.

« Les Polonais souffrent, s'écria un orateur, mais il
» y a de par le monde une grande nation plus opprimée,
» plus foulée encore : c'est le prolétariat !

» Que de cette réunion sorte le premier cri de déli-
» vrance, et que ce cri retentisse partout où l'on meurt
» de fatigue et de privation; partout où l'on est spolié,
» partout où l'on végète dans l'ignorance et dans la mi-
» sère, partout où les forces physiques sont atrophiées,
» partout où les facultés intellectuelles sont étouffées,
» partout où l'on gémit, partout où l'on souffre, partout
» où l'on a soif de justice. »

Ces paroles exprimaient l'idée de tous; elles furent acclamées et l'on jeta les bases de *l'Association internationale des travailleurs,* en rédigeant des statuts précédés d'un énoncé de principes qu'on peut résumer ainsi :

« L'émancipation des travailleurs doit être l'œuvre des
» travailleurs eux-mêmes.

» Les efforts des travailleurs pour conquérir leur éman-
» cipation, ne doivent pas tendre à constituer de nou-
» veaux priviléges, mais à établir pour tous les mêmes
» droits et les mêmes devoirs. (*Pas de droits sans devoir,
» pas de devoirs sans droits.*)

» L'assujettissement des travailleurs au capital est la
» source de toute servitude politique, morale et maté-
» rielle.

» Pour cette raison, l'émancipation économique des
» travailleurs est le grand but auquel doit être subor-
» donné tout mouvement politique.

» Les internationaux se reconnaissent le devoir de ré-
» clamer pour tous et de pratiquer envers tous les êtres
» humains la *vérité*, la *justice*, la *morale*. »

Ce langage nouveau étonne; quelques jours plus tard,
le *Siècle* contenait cette ligne :

« Nous avons le pressentiment que quelque chose de
grand vient de se passer dans le monde. »

En effet, après ce grand acte, l'humanité entre dans
une phase nouvelle; les plus grands espoirs sont permis;
le peuple, tant de fois trompé et mis à la chaîne, va travailler lui-même et exclusivement à son émancipation.

L'*Internationale* est fondée.

Après trois cents ans d'agitation, et soixante-dix ans
de révolution, l'ordre à venir a trouvé son assise première ; car, ainsi que je l'expliquerai plus loin, la grande
alliance ouvrière, non-seulement est la sentinelle vigi-
lante, toujours debout pour la défense des travailleurs ;
non-seulement elle est l'immense laboratoire intellectuel
où s'analysent, se préparent, se combinent les éléments
constitutifs de la société nouvelle ; mais encore son organisation servira sans doute d'exemple et d'expérimentation pour la constitution de cette société, qui ne sera

peut-être que l'*Internationale* universalisée, étendant son action à toutes les forces sociales, et réglant, par tous et pour tous, l'exploitation et l'emploi des richesses humaines.

II.

Organisation et développement de l'Internationale.

L'idée nouvelle apportée dans le monde par l'*Internationale* entraînait logiquement avec elle un mode d'action nouveau. C'est ce que comprirent admirablement ses adhérents, et c'est pourquoi ils se gardèrent bien de suivre les errements de l'autoritarisme.

Jusque-là, à l'instar de la société officielle que nous a léguée le passé, les sociétés réformatrices ou révolutionnaires procédaient toujours de haut en bas : La *franc-maçonnerie*, le *compagnonnage*, les *sociétés secrètes*, le *jésuitisme* n'avaient entre elles que des différences de but, leur organisation était constitutionnellement la même. Dans chacune de ces associations, l'idée directrice, le commandement appartenait à un *conseil* ou *comité* suprême, lequel ne communiquait qu'avec des *conseils* d'un ordre inférieur, et chargés de transmettre les volontés d'en haut à des gouvernés.

Rien de pareil dans l'*Internationale*. Pour en être reçu membre, il suffit *de vivre honnêtement de son travail, de vouloir l'émancipation des travailleurs par eux-mêmes, de reconnaître comme base de sa conduite, dans les relations avec tous les êtres humains, la vérité, la justice et la morale, et de s'engager à réclamer pour tous les mêmes droits, les mêmes devoirs.* Cette condition remplie, le dernier adhérent admis est autant que le premier. Dans sa *section*, il fait partie d'un corps délibérant qui ne reçoit de mot d'ordre de personne et dont tous les membres sont égaux en droits et en devoirs.

Ce que l'individu est dans la *section*, la *section* l'est dans la *fédération* et la fédération dans l'*Internationale*.

C'est dire que l'initiative réside tout entière dans l'universalité des adhérents et dans la totalité des groupes. Les uns et les autres restent libres dans la grande fédération internationale. Nulle part de comités directeurs, mais partout des délégués remplissant une fonction déterminée et restant constamment révocables.

A Paris, les choses se passaient ainsi :

La section élisait par trimestre ou par mois un bureau composé d'un secrétaire correspondant, d'un secrétaire d'intérieur et d'un trésorier. A chaque séance, on nommait le président. La *section* élisait en outre un nombre déterminé de délégués, toujours révocables également. C'étaient ces délégués qui, réunis aux délégués des autres *sections*, formaient le *conseil fédéral* de la *fédération parisienne*.

En dehors, mais non au-dessus des conseils fédéraux, siége à Londres (ou siégera dans une autre ville, si les prochains congrès le veulent ainsi), le *Conseil général de l'Association internationale des travailleurs*, dont les attributions se délimitent ainsi qu'il suit :

1° Le conseil général est chargé d'exécuter les résolutions des congrès; de servir de centre de communication et de propagande entre les ouvriers de divers pays;

2° De faire connaître aux fédérations et sections de l'Internationale l'ordre du jour du prochain congrès, dont il peut changer le lieu, si les circonstances l'exigent, mais non la date.

Parmi les membres du *conseil général*, sont compris les *secrétaires correspondants* pour chaque nation. A leur tour, les *secrétaires correspondants* sont chargés de transmettre aux sections ouvrières de la nation qu'ils représentent les communications et renseignements émanant du *conseil général.*

Mais toute la souveraineté compatible avec la liberté de l'individu et le droit des minorités repose dans les congrès annuels, véritables assises du travail, dont le retentissement a, dans ces dernières années, troublé la vieille société d'une façon si soudaine.

Non-seulement les congrès ont le droit de régler les différends, mais encore c'est là que s'élaborent les idées qui dominent dans l'Association ; car, comme je le montrerai plus loin, il n'y a pas dans *l'Internationale* de doctrine officielle : *mutuellistes, collectivistes, communistes, positivistes, fouriéristes,* etc., etc., ont place sous son large drapeau.

Ce qui est vrai pour les idées, est aussi vrai pour l'organisation intérieure ; fédérations et sections rédigent à leur guise leur règlement respectif. Chaque peuple se montre là avec son génie propre.

En Angleterre et en Allemagne, l'un et l'autre pays de réforme plutôt que de révolution, cette organisation se ressemble.

Les Anglais, habitués à la forte organisation de leurs *unions de métiers,* donnent un certain pouvoir à leurs *comités* élus. Il en est de même chez les Allemands, qui s'en tiennent à la théorie de l'*État populaire* développée avec tant de talent par Lassalle, il y a quelques années, théorie qui peut se résumer ainsi :

Les ouvriers, au lieu de détruire les forces politiques, économiques et sociales existantes, doivent, au contraire, se les approprier pour les faire fonctionner à l'avantage du peuple travailleur ; en conséquence, le premier devoir de la classe ouvrière, pour arriver à l'émancipation sociale, est de conquérir le pouvoir politique.

Le mode d'organisation des ouvriers américains n'offre pas une sensible différence avec les précédents.

La grande fédération des travailleurs d'Amérique connue sous le nom d'*Union nationale du travail* se choisit, dans ses congrès annuels, un président auquel est adjoint un conseil également annuel.

Depuis quelques mois, un nouveau mouvement se produit en Amérique: un certain nombre de sections internationales, désignées par de simples numéros d'ordre, sont groupées autour d'un Conseil fédéral siégeant à New-York.

Il y a déjà bien plus de jour dans les fédérations belges et hollandaises, où les comités sont remplacés par des conseils aux fonctions délimitées et où les présidents sont inconnus.

La fédération de la Suisse romande a remplacé cela par des *comités* spéciaux de *propagande, d'administration* etc., qui rendent compte de leur gestion une fois par mois en assemblée générale des sectionnaires

Il n'en est pas de même de la fédération de la Suisse jurassienne, dont toute l'organisation repose sur l'autonomie de l'individu dans le groupe, du groupe dans la fédération, et dont les comités n'ont guère que des devoirs.

Où éclate le plus de contradictions dans les modes divers de groupements, c'est en Italie. Les sociétés ouvrières de ce pays ont en général adopté les *comités* dirigeants avec présidents, et de plus on a placé au faîte un président d'honneur, qui d'ordinaire est Garibaldi. Au contraire, la plupart des sections militantes de l'Internationale s'en tiennent aux *conseils*, avec attributions déterminées.

Le passé fédéraliste des républiques italiennes et l'unitarisme de l'Italie actuelle se retrouvent dans ces deux tendances opposées du prolétariat italien.

Dans les pays de mœurs et d'expérience révolutionnaires comme la France et l'Espagne, le principe d'autorité ne règle rien. Des conseils, quelquefois de simples bureaux avec mandats spéciaux. L'ensemble des adhérents délibérant, décidant sur toutes questions ; des groupes libres d'études sociales, des réunions fréquentes : voilà tout l'organisme. Cet organisme, d'ailleurs, se transforme sans cesse, et l'organisation changeante des groupes est une expérimentation continue.

Mais hélas ! les Espagnols restent seuls pour .re prévaloir ce mode d'action. Le prolétariat français, .écimé, terrassé, saignant, n'a même pas la liberté de panser des blessures, qui seraient mortelles, si la cause de la liberté, de l'égalité et de la justice pouvait périr !

Il y a trop peu de temps que des sections internationales sont fondées en Portugal, en Danemark et dans les pays slaves pour qu'on puisse apprécier leur mode de groupement.

Par cet exposé très imparfait, on voit déjà combien sont ignorants ou de mauvaise foi ces journaux de la réaction qui vont criant que l'*Internationale* n'est qu'un instrument entre les mains du *conseil général* qui règne et gouverne, selon eux, tout en étant lui-même sous l'influence d'un dictateur. Il est vrai qu'une tendance funeste s'est manifestée depuis quelque temps au sein du Conseil général ; mais cette tendance a été généralement condamnée par les fédérations ; et les hommes qui ont essayé à Londres, sans succès, de se constituer en dictateurs de l'Internationale, ne l'ont point fait en vertu des statuts, ils l'ont fait en violant de la manière la plus flagrante l'esprit et la lettre de ces statuts. Il y a tout lieu d'espérer que le prochain Congrès fera rentrer le Conseil général dans sa voie normale.

Le simple bon sens devrait faire justice de ces mensonges sur l'organisation de l'Internationale ! car il faut qu'on le sache, la classe ouvrière et surtout la partie la plus intelligente, celle qui s'associe, n'est pas une masse aveugle que l'on peut jeter dans un courant ou dans l'autre, au gré d'une volonté dominante. Non, l'*Internationale* est aussi une immense société d'étude ; là, se révèlent, se développent des penseurs en nombre toujours plus grand ; allez donc en faire des instruments aveugles entre des mains habiles ! C'est trois fois impossible.

Que dit-on cependant ?

Arrive-t-il une grève, vite on parle de *meneurs étrangers* ; comme si les ouvriers avaient besoin d'*étrangers* pour leur apprendre que leurs fatigues sont trop prolongées ou que leurs privations sont par trop grandes.

Si ce sont des *étrangers* qui font soulever les ouvriers français, anglais, allemands, belges, suisses, espagnols, italiens, américains, hollandais, russes mêmes (car les grèves vont jusque là) il est probable que ces *étrangers* descendent de la lune. Avis aux chercheurs qui demandent si la lune est oui ou non habitée.

Il n'est pas jusqu'à la Commune de Paris, œuvre exclusive des ouvriers de Paris, qu'on n'ait attribuée à des *meneurs étrangers*.

Nos ennemis sont peut-être de bonne foi. Ne comprenant rien à l'esprit qui nous anime, ils jugent d'après leurs conceptions vieillies nos pensées et nos actes. Nous n'avons pas l'espoir de les amener à nous, ils nous traiteront en criminels jusqu'au jour où, réalisant notre idéal, nous ferons entrer l'humanité dans une civilisation supérieure.

Tous ces éléments d'avenir ont porté leurs fruits. La naissance et le développement de l'*Internationale* resteront l'un des faits sociaux les plus importants et les plus remarquables de ce siècle.

Fondée théoriquement à la fin de 1864, l'association ne commença guère à être constituée que vers le milieu de l'année 1865. Il y avait à cette époque un groupe à Londres, un autre à Bruxelles, un à Genève, un autre à

Paris ; quelques dévoués cherchèrent à en former d'autres à Rouen, à Caen, à Lyon, à Neuville-sur-Saône, à Marseille, et c'était tout.

Vivra-t-elle ? se demandaient les fondateurs.

Cependant on avait décidé de tenir un premier congrès à Bruxelles, en septembre 1865 ; mais le gouvernement belge prit peur et réédita une vieille loi contre les étrangers.

Il n'en fallait pas davantage pour faire connaître l'association naissante ; de nombreux adhérents arrivèrent, et les forces grossirent singulièrement.

Le bien que fit en cette occasion la malveillance du gouvernement belge est incalculable ; grâce à elle, l'*Internationale* qui, certainement, n'aurait pas été assez forte pour tenir cette année là un congrès, entra dans une phase vitale.

On tint une conférence à Londres ; les premiers succès constatés, quoique bien modestes, encouragèrent les initiateurs, qui continuèrent la propagande avec une ardeur croissante.

L'année fut très-bien employée, le *bureau de Paris* avait quintuplé le nombre de ses adhérents ; plusieurs sociétés anglaises adhérèrent. En France, des bureaux se fondèrent définitivement dans plusieurs grandes villes de province. Dans l'Allemagne du sud et en Italie, des sections se formèrent ; la section genevoise était devenue très-forte, et l'ouverture du premier congrès eut lieu à Genève, le 3 septembre 1866. Dès lors, le chiffre des adhérents était évalué à 70,000.

En ce temps se succédaient des grèves dans presque tous les centres industriels de France, de Belgique et d'Angleterre. Après chaque grève, les ouvriers, le plus souvent vaincus, essayaient de se constituer en société de résistance ; des correspondances s'ouvraient et les nouveaux membres arrivaient par milliers.

La Belgique, qui avait sommeillé en 1866, se réveillait tout à coup, avec une puissance extraordinaire, grâce aux grèves de ses bassins houillers.

Mais voilà que toute la presse est en émoi, on annonce (janvier 1867) que des *troubles* ont éclaté à Roubaix, que les machines ont été brisées ; on ajoute même que des incendies ont été allumés et toutes les calomnies contre les ouvriers de reprendre leur cours.

Dans ces circonstances, le bureau de Paris éleva la voix ; il déclara que si des troubles avaient eu lieu, que si des excès regrettables avaient été commis, la faute en était à ces patrons qui mettaient d'un coup 2,000 ouvriers sur le pavé, en voulant imposer à chacun de ceux qu'ils conserveraient la conduite de deux machines, et en payant des salaires illusoires pour des séances de travail de 14, 15 et 16 heures. L'opinion publique était encore sous l'impression causée par cette intervention inattendue, quand éclata la grève des *bronziers* de Paris.

Cette corporation, une des plus intelligentes du monde, avait à sa tête des membres de l'*Internationale*. La grève fut conduite avec habileté, et les fabricants, sous le poids de l'opinion publique plutôt que sous la pression de la grève, durent faire droit aux légitimes réclamations de leurs ouvriers.

Le résultat de ces deux interventions fut de décupler en France le nombre des adhérents et d'attirer sur l'Internationale les regards du monde. Dès lors, on commença à parler d'elle, mais surtout à la calomnier. N'importe ; on la faisait connaître, et les ouvriers, sentant de plus en plus le besoin de s'unir contre leurs ennemis communs, venaient à elle. De la sorte, à l'époque du congrès de Lausanne, en 1867, le nombre des adhérents dépassait 300,000.

Cependant, les libéraux français, unis dans cette œuvre aux révolutionnaires autoritaires, qui depuis n'ont pas eu assez de flatteries pour l'*Internationale*, accusaient de plus en plus l'Association d'avoir des accointances avec l'empire. Cette calomnie faisait son chemin et éloignait de l'Internationale beaucoup d'éléments énergiques du prolétariat. Heureusement, les parquets impériaux y mirent fin. Dans les premiers mois de 1868, une commission du bureau de Paris était condamnée à l'amende. Quelques semaines plus tard, une commission nouvelle comparut devant la 6e chambre. Les neuf membres qui la composaient, au lieu de se défendre, affirmèrent hautement leurs convictions républicaines et socialistes, flétrirent les iniquités de la vieille société et terminèrent en proclamant la nécessité d'une radicale transformation sociale, et ils furent condamnés à trois mois de prison. Cette fois l'impression fut universelle et tout le monde comprit que l'Internationale était entrée dans une voie nouvelle. Les grandes grèves de Genève, de Bologne, d'Anzin, de Fuveau ; les massacres d'ouvriers à l'Epine, à Seraing, à Marchiennes, amenaient de tous côtés des dizaines de milliers d'adhérents.

Au congrès de Bruxelles (1868), on estima à 1 million le nombre des adhérents qui s'y firent représenter. A partir de ce moment, la propagande devient plus active, plus efficace ; des sociétés ouvrières se forment en grand nombre en Allemagne, en Italie, en Belgique, en France et surtout en Espagne. Débarrassés de leur royauté fangeuse par la révolution de septembre, les ouvriers espagnols accomplirent de véritables prodiges. Une année leur suffit pour fonder 600 sociétés ouvrières et amener plus de 40,000 adhérents à l'*Internationale*. Sous cette énergique impulsion, Barcelone devint rapidement l'une des villes fortes du prolétariat universel.

Avec 1869, recrudescence de grèves en Allemagne, à Genève, en Angleterre, à Paris, à Lyon, à Marseille.

Comme toujours, après chaque grève, tentative d'organisation, recours, et, par conséqnent, adhésions à la grande union ouvrière. La grève des ouvrières ovalistes de Lyon amenait d'un coup plusieurs milliers de femmes dans l'Internationale.

Tout à coup, la presse républicaine de France pousse des cris d'horreur : des soldats français viennent de tirer sans provocations aucune, sur une foule désarmée. Les morts sont nombreux ; c'est la *Ricamarie*. Trois mois plus tard, c'est *Aubin ;* les morts sont plus nombreux encore.

La presse officieuse accuse l'*Internationale* d'avoir fomenté les troubles ; l'*Internationale* n'avait pas encore de sections ni à Saint-Etienne, ni à Aubin. Il lui fut bien facile de se disculper et les attaques des journaux réactionnaires n'avaient fait qu'augmenter sa notoriété, sa force par conséquent.

Par toutes ces raisons, le congrès de Bâle, qui fut réellement imposant, put se tenir au nom de près de deux millions d'adhérents.

L'année 1870, l'année de la guerre, vit encore la progression rapide de l'association. Elle commença par une grève fameuse.

Dans un bourg industriel de Saône-et-Loire, régnait sur 10,000 ouvriers un vieillard cupide ; il avait édifié un spécimen de l'organisation que nous réservent la banque et la féodalité industrielle si nous n'y prenons garde.

L'administration de la localité, aussi bien que les forces économiques, était tout entière entre les mains de ce parvenu, qui disposait en outre des baïonnettes de l'ordre.

Grâce à cette toute-puissance, il tenait les esprits et les corps.

Le révolté était condamné à mourir de faim ou à aller bénir son dictateur en prison.

C'était une œuvre de géant que d'ébranler cet édifice

d'oppression, ce modèle d'exploitation et d'abaissement des hommes ; c'est pourtant ce qui fut fait.

La grève du Creuzot fut le tocsin sonné contre les grandes compagnies, plus oppressives encore que les patrons industriels.

Fourchambault suivit d'abord, Mulhouse ensuite et l'*Internationale* fondait dans ces grands centres des sections puissantes. Une propagande spéciale et dont les premiers résultats étaient remarquables, s'organisait pour toutes les villes industrielles françaises. Que serait-il advenu de cette force d'expansion ?

Mais l'empire préparait son plébiscite et la déclaration de guerre ; les *internationaux* influents furent enveloppés dans une arrestation en masse et jetés à Mazas.

Bientôt arrivent l'invasion et la lâche capitulation de Sedan. Dans un moment de dégoût et de colère, les grandes villes françaises renversent la hideuse monarchie impériale.

Dans la guerre, l'*Internationale* entière prit parti pour la France républicaine contre la Prusse féodale ; mais la conspiration monarchique ourdie en France contre la France, devait rendre vains tous les efforts patriotiques.

III.

Politique de l'Internationale.

Le manifeste inaugural, publié par le premier *conseil général*, disait en substance :

« La politique que doit suivre la classe ouvrière ne peut pas se borner à la conquête de la liberté, elle doit surtout battre en brèche les priviléges des seigneurs du capital et conquérir pour le prolétariat, avec la possession collective de l'instrument de travail, le droit à la vie et au développement dans l'ordre intellectuel comme dans l'ordre matériel. »

Cette large éclaircie dans le domaine de l'avenir a parfaitement caractérisé jusqu'ici toute l'activité politique internationale, quelle que soit, d'ailleurs, la divergence des caractères nationaux.

Dès le début, l'idée dominante fut la répudiation de toute politique légale et parlementaire ; la question politique fut posée uniquement sur le terrain révolutionnaire, et comme une des parties, un des chapitres de la question économique. On a caractérisé ce mode d'action par un terme malheureux et inexact, emprunté à Proudhon, celui d'*abstention politique*. Le terme juste eût été *politique du travail*. — Ce fut en France surtout que s'accusa fortement cette tendance, qui fut une sorte de programme.

Comment aurait-il pu en être autrement? Il n'y avait plus que deux partis politiques en présence : le *bonapartisme* et le *libéralisme bourgeois*, le premier représenté par Bonaparte et le second par les massacreurs de *Juin*.

L'un et l'autre étaient odieux à l'élite du peuple travailleur. Il importait de constituer au-dessus de ce courant tyrannique, contradictoire et répresseur, la grande politique humaine du socialisme.

Que nous importent les petites personnalités de la politique de bascule, d'expédients, de ruses et de compromis? Ces choses ne consistent en définitive que dans des changements d'hommes et n'amènent aucun progrès réel.

Nous voulons notre affranchissement intégral et nous ne comptons que sur nous-mêmes pour l'obtenir ; c'est pourquoi, au lieu de suivre les flatteurs du peuple, toujours impuissants et souvent traîtres aussitôt que son suffrage les a hissés au pouvoir, nous ne voyons de politique véritable que dans la propagande des idées de solidarité entre tous les travailleurs et de la nécessité de grouper fédérativement toutes les forces prolétariennes, impuissantes tant qu'elles resteront isolées.

C'est pourquoi la politique nouvelle consiste pour nous à donner à l'individu et au groupe tout leur développement, toute leur autonomie; à assurer les intérêts généraux par la fédération et la solidarité universelles des groupes libres.

Ainsi disaient les travailleurs, et ils avaient raison.

Néanmoins, cette façon d'envisager les choses pouvait, étant portée à l'excès, conduire à l'indifférence politique. L'abstention peut être quelquefois un moyen, mais jamais un principe.

En France, notamment, où l'idée proudhonnienne ou mutualliste, qui inspira toutes les résolutions du congrès de Genève, était très répandue parmi les travailleurs, cet excès fut un moment à craindre. Et ce fut là, d'ailleurs, le prétexte toujours mis en avant par les républicains bourgeois pour attaquer l'*Internationale*.

Mais les événements imprévus de ces premières années d'agitation ne tardèrent pas à faire sortir les internationaux de leur réserve. On se rappelle qu'en 1867 la Prusse, déjà insolente depuis sa campagne de Bohême et sa victoire de Sadowa, rêva l'annexion du Luxembourg.

L'Europe fut pendant des semaines sous la crainte incessante d'une conflagration européenne ou tout au moins d'une guerre colossale entre la Prusse et la France. Et cependant les classes possédantes, les classes qui jusque-là s'étaient réservé le monopole de la vie intellectuelle, se taisaient.

C'est alors que les ouvriers de Berlin adressèrent un manifeste aux ouvriers français, leur disant : « Unis pour la réalisation de la fraternité des peuples, nous protestons contre la guerre dont on nous menace.

« La guerre est dans les intérêts des rois, elle n'est pas dans ceux des peuples. »

Les Français répondirent :

« Frères, vous êtes dans la justice et dans la vérité. Et nous aussi, nous voulons la fraternité des peuples sans laquelle ne pourra s'accomplir l'émancipation du prolétariat. Comme vous, nous protestons contre la guerre que nos tyrans dirigent contre nous, et nous vous tendons des mains amies. »

De leur côté, les ouvriers anglais, belges et suisses envoyèrent à leurs frères de France et d'Allemagne des félicitations sur leur noble initiative.

Cette initiative s'étendit à la partie républicaine de la bourgeoisie qui fonda la *Ligue de la paix et de la liberté*.

Disons en passant que cette fameuse Ligue, désireuse de ménager les dieux du présent et les dieux de l'avenir, n'a pas eu le courage et la sincérité de se prononcer pour ou contre la Commune de Paris dans son dernier congrès qui a eu lieu à Lausanne en septembre 1871 et s'est contentée de condamner les excès sous quelques drapeaux qu'ils se soient produits. Ceux qui la composent sont pourtant de bonne foi ; mais la bourgeoisie, conservatrice de position, est condamnée à l'impuissance depuis que la question est posée entre les priviléges et l'égalité sociale.

Les affaires s'arrangèrent entre despotes. Mais, peut-être que cette intervention, toute soudaine, du prolétariat international, fut pour quelque chose dans les résolutions des gouvernants.

Au moins, il restait acquis que la grande politique n'était plus avec les bourgeois égoïstes et vides d'idées, mais dans les classes ouvrières, qui oubliaient leurs souffrances journalières pour faire entendre la voix de l'humanité étouffée par les propriétaires de peuples.

Au congrès ouvrier de Lausanne (1867) fut faite une

solennelle condamnation du despotisme et une catégorique affirmation de la République universelle par cette déclaration, votée à l'unanimité :

L'affranchissement social des classes ouvrières est inséparable de leur affranchissement politique.

La manifestation du 4 novembre 1867, fut la première affirmation de cette politique nouvelle.

Pour la seconde fois, une armée française allait, au nom du goupillon, et sous l'inspiration du jésuitisme, étouffer la liberté romaine. Le jour même où les chassepots *faisaient merveille* à Mentana contre les phalanges héroïques de Garibaldi, les *internationaux* parisiens se portaient en masse sur le boulevard Bonne-Nouvelle, où devaient passer Bonaparte et François-Joseph. Il s'agissait de témoigner le mécontentement du peuple de Paris, et si les circonstances devenaient favorables, d'aller jusqu'à une prise d'armes insurrectionnelle.

Il n'y eut pas d'effusion de sang et, le soir, une députation des manifestants alla près des députés de la gauche, qui s'étaient cachés pour la plupart. Leur porte-voix, Jules Favre, fit cette réponse aux délégués :

« Vous nous demandez de donner notre démission si
» le gouvernement persiste dans sa seconde expédition
» romaine. Qui vous a donné le droit de nous conseiller?
» nous ne relevons que de notre conscience et nous ne
» savons qui vous êtes.

» Vous nous appelez à l'insurrection. Messieurs les
» ouvriers, vous avez fait l'Empire, défaites-le. »

Impossible de traduire la morgue avec laquelle furent prononcées ces paroles.

Certes, il seyait bien à l'un de ceux qui avaient préparé la voie à Bonaparte, en faisant voter son admission à la *Législative*, en massacrant les ouvriers républicains de Paris, de nous reprocher, à nous génération de 1865, d'avoir *fait l'Empire.*

Les poursuites des parquets impériaux achevèrent de donner à l'*Internationale* une signification républicaine. Dans ces circonstances, le *conseil général* adressa aux sections une circulaire, les invitant à tourner plus que jamais leurs efforts vers la conquête du pouvoir politique.

Cette circulaire fut diversement appréciée par les adhérents et ne modifia pas sensiblement la marche de la grande Association, qui plana toujours au-dessus des préoccupations de la politique journalière, des intrigues et des petits faits.

Le congrès de Bruxelles protesta solennellement contre la guerre et mit à l'étude les moyens pratiques de l'empêcher ; et peut-être que, si la guerre franco-prussienne avait été retardée de deux années, cette guerre aurait été impossible, l'intervention prolétarienne l'aurait empêchée.

Le petit nombre d'internationaux d'Europe, qui ne comptaient pas deux millions en 1870, sur plus de 80 millions de travailleurs, et la centralisation de l'Etat, qui permet à un gouvernement de faire mouvoir toutes les forces d'une nation, avant que cette nation ait le temps de se reconnaître, ont seuls rendu vains leurs efforts pacifiques.

Bientôt, les ouvriers de diverses nations prennent, chacun vis-à-vis de leur gouvernement, une attitude particulière, mais conforme, bien entendu, à l'esprit général de l'*Internationale* qui vient d'ouvrir la lutte contre toutes les tyrannies en acclamant, par les délégués du Congrès de Bâle, la *République sociale et universelle*.

Après les Congrès de Nuremberg et d'Eisenach, les ouvriers allemands adoptèrent définitivement la voie des réformes politiques par les voies légales ; ils déclarèrent qu'il importait à leur affranchissement d'envoyer des leurs dans les Parlements, ce qu'ils faisaient du reste depuis plusieurs années.

Les ouvriers anglais firent de l'agitation dans le même sens ; mais ils n'ont pu réussir encore à avoir un représentant à la *Chambre des Communes*.

Chez les Américains, ce mode d'action a été récemment condamné ; les internationaux de ce continent ont déclaré que la présence des ouvriers aux Parlements pouvait avoir sa raison d'être dans les pays où l'on ne possède ni la liberté de parler, ni la liberté d'écrire, ni la liberté de réunion ; mais que c'était au moins un moyen inefficace quand il s'agissait d'arriver à l'affranchissement complet.

Contrairement à cette opinion, les internationaux de Genève et de la Suisse allemande fondent de grands espoirs sur l'élection de quelques-uns des leurs. Mais en France, en Belgique, en Italie, dans la Suisse jurassienne, et surtout en Espagne, ils s'en tiennent à la propagande révolutionnaire, à la lutte journalière contre le capital et à l'organisation du prolétariat des champs et des villes.

Les partisans de la politique électorale agissent d'après l'idée émise dans le considérant suivant, émanant de la dernière *conférence de Londres* (septembre 1871).

« Considérant :

« Que, contre le pouvoir collectif des classes possédantes, le prolétariat ne peut agir comme classe qu'en se constituant lui-même en parti politique opposé à tous les anciens partis formés par les classes possédantes ;

« Que cette constitution du prolétariat en parti politique est indispensable pour assurer le triomphe de la révolution sociale et son but suprême, l'abolition des classes, etc..., »

— « Ce que nous avons soutenu et continuerons de soutenir, » — disent à leur tour ceux qui défendent la

politique socialiste et veulent le remplacement de l'Etat,
fût-il *populaire* comme le désirent les Allemands, par la
libre fédération des groupes travailleurs solidarisés, et
des *Communes* sociales, — « ce que nous continuerons
de soutenir, c'est que la classe ouvrière doit avoir sa propre politique, une politique qui soit en harmonie avec
ses intérêts de classe et réponde à ses aspirations légitimes, une politique qui ne saurait être en aucune façon
celle des partis bourgeois, dont les intérêts exigent le
maintien des institutions existantes...

« C'est pourquoi nous devons nous séparer de tous les
anciens partis politiques formés par les classes possédantes, y inclus le parti républicain tel qu'il se trouve cons-
titué aujourd'hui, c'est-à-dire inspiré et dirigé par des
hommes de la classe moyenne qui sont parfaitement sa-
tisfaits du milieu social actuel.

« Notre mission est plus grande, plus révolutionnaire.
Elle consiste dans l'organisation du suffrage universel,
par le moyen du groupement et de la fédération des sociétés ouvrières. Sans une telle organisation, le suffrage
sera toujours pour nous une farce sanglante. Consacrons-
nous tous à cette œuvre de salut, et ne perdons pas notre
temps et nos forces à soutenir la cause de nos ennemis... »

(La *Federacion* de Barcelone, 1871).

De son côté, le Congrès de la Chaux-de-Fonds (Suisse
jurassienne) adoptait en 1870 les résolutions suivantes :

« Considérant que l'émancipation définitive du travail
ne peut avoir lieu que par la transformation de la société
politique fondée sur le privilége et l'autorité, en société
économique fondée sur l'égalité et la liberté ;

« Que tout gouvernement ou Etat politique n'est rien
autre chose que l'organisation de l'exploitation bour-

geoise, exploitation dont la formule s'appelle le droit juridique ;

» Que toute participation de la classe ouvrière à la politique bourgeoise gouvernementale ne peut avoir d'autres résultats que la consolidation de l'ordre de choses existant, ce qui paralyserait l'action révolutionnaire-socialiste du prolétariat ;

» Le Congrès recommande à toutes les sections de l'Association internationale des travailleurs de renoncer à toute action ayant pour but d'opérer la transformation — sociale au moyen des réformes politiques nationales et de porter toute leur activité sur la constitution fédérative des corps de métier, seul moyen d'assurer le succès de la révolution sociale. Cette fédération est la véritable représentation du travail, qui doit avoir lieu absolument en dehors des gouvernements politiques. »

Dans le même esprit encore, les *Internationaux* belges écrivaient, après la manifestation du 12 janvier 1870 (enterrement de V. Noir), à leurs frères de Paris :

« Nous vous félicitons de votre calme ; laissez se pourrir dans ses excréments comme Héliogabale cette société d'égoïsme, de crime et d'injustice ; bientôt notre souffle suffira pour la précipiter dans la honte ; alors nous pourrons, sur les ruines du vieil ordre de choses, jeter les fondements de notre société de liberté, d'égalité et de solidarité. »

Et voici le langage des *Internationaux* parisiens, après l'arrestation en masse des délégués de la *fédération parisienne* (1870) :

» On nous appelle *conspirateurs ;* si par là on veut dire affiliés à des *Sociétés secrètes*, nous ne sommes pas des *conspirateurs ;* mais, si sous ce nom on entend ceux qui travaillent à la chute de tous les despotes, de tous les aventuriers politiques, des soldats, des exploiteurs et des prêtres, oui, nous sommes des *conspirateurs*, et nous ne nous arrêterons de conspirer que lorsque l'humanité sera délivrée de tant de fléaux et s'épanouira libre et heureuse au soleil de la justice. »

Le langage des ouvriers espagnols n'est pas moins explicite.

La population de Madrid célèbre toutes les années, le 2 mai, une fête civique à la mémoire des patriotes espagnols, qui moururent le 2 mai 1808, en livrant bataille dans les rues de Madrid, aux Français commandés par Murat.

A cette occasion la *fédération de Madrid* publia ce remarquable manifeste que je demande la permission de citer tout entier, d'autant plus qu'il formule admirablement les idées de toute l'*Internationale* sur le patriotisme et sur la nécessité de son remplacement par la fraternité des peuples et la grande solidarité humaine.

« Ouvriers ! nous ne célébrerons pas la fête du Deux-Mai.

« Quand tous les ouvriers du monde se tendent fraternellement la main à travers les continents et les mers, célébrer des fêtes patriotiques, célébrer ce qui est la cause éternelle de notre désunion, serait un véritable crime.

« Le patriotisme est une idée qui tend à séparer les peuples entre eux et à raviver constamment les haines créées par les tyrans et les exploiteurs.

« La patrie est une idée mesquine, indigne de l'intelligence robuste de la classe des travailleurs. La patrie de l'ouvrier, c'est l'atelier, et l'atelier des fils du travail c'est le monde entier.

« Quand la terre gisait sous l'ombre épaisse de l'arbre de la barbarie et de l'ignorance, l'idée de la patrie était l'astre lumineux qui de temps en temps jetait une clarté au sein de ses profondes ténèbres. Mais aujourd'hui, à l'époque des idées internationales, la patrie n'a plus de raison d'être.

« Le patriotisme a accompli sa mission, qu'il descende en paix dans le panthéon destiné aux idées du passé.

« Depuis le temps où les tribus sauvages et vagabondes de la montagne, dans l'enfance de l'humanité, descendaient dans la plaine pour dévaster les moissons des tribus laborieuses des agriculteurs, jusqu'à nos jours, on a vu se succéder les luttes héroïques, les actions mémorables, comme le combat des Thermopyles, la bataille de Roncevaux, le Deux-Mai, et tant d'autres événements où les vainqueurs de la veille deviennent les vaincus du lendemain. Quelle est la nation, la province, la ville, dont les habitants ne puissent célébrer un triomphe remporté sur leurs voisins, ou pleurer une défaite ou un martyre ?

« Travailleurs ! ne fêtez pas le Deux-Mai, car il pourrait arriver qu'au pied de ces tombes vénérées, couvertes de couronnes de lauriers et d'immortelles, se lèveraient menaçants les spectres ensanglantés de la race américaine sacrifiée, détruite inhumainement sous prétexte de civilisation par nos ancêtres, les conquérants du Nouveau-Monde.

« Ne fêtez pas le Deux-Mai, car il pourrait arriver qu'autour de ces gigantesques cyprès vous rencontreriez errantes les victimes que le fanatisme de nos pères a sacrifiées dans les Pays-Bas et dans la conquête de l'Italie.

« Ne fêtez pas le Deux-Mai, comme voudraient vous y pousser nos exploiteurs, parce que vous iriez vous enivrer de haine patriotique contre nos frères français, qui sont étrangers dans leur propre patrie comme nous le sommes dans la nôtre, grâce à la mauvaise organisation de la société actuelle.

« Nos frères français ne sont pas responsables des victimes immolées par les plans d'un homme audacieux et cruel, qui a traversé l'Europe comme un météore de feu, ne laissant derrière lui que du sang et des larmes.

« Tous les habitants de cette planète qui roule dans l'espace infini au milieu d'un nombre incommensurable de mondes, sont frères. Toutes les idées contraires à la *liberté*, à l'*égalité*, à la *fraternité* entre les hommes, sont injustes.

« Le patriotisme est contraire à la fraternité des peuples : le patriotisme est injuste.

« Travailleurs ! au nom de l'émancipation de la classe opprimée, au nom de la justice, au nom de l'Association internationale des travailleurs, ne célébrez pas la fête du Deux-Mai. »

L'avenir est-il du côté de ceux qui ne voient dans la politique que l'exploitation des peuples qu'on forcera à être ennemis, et le maintien de leur infériorité par la superstition, la misère, l'ignorance, le mensonge et, le cas échéant, la force du sabre ?

L'avenir est-il avec ceux-là ? ou avec ceux qui veulent l'instruction, le bien-être, la liberté de chacun, par la solidarité de tous ?

Répondez, vous qui souffrez !

Votre réponse est facile à deviner :

Que la grande *Internationale* poursuive sa marche ascendante, battant en brèche l'oppression politique, les iniquités sociales, les monopoles, l'exploitation industrielle, agricole et commerciale, la tyrannie, la spoliation, l'ignorance et la misère, sous quelque forme qu'elles se présentent.

Qu'elle marche, dédaignant les calomnies réactionnaires et les persécutions gouvernementales, qui ne font que l'aider en fixant sur elle l'attention des peuples, et puisse-t-elle réaliser nos espérances !

IV.

Socialisme de l'Internationale.

Dans son socialisme, comme dans son idée fondamentale, comme dans son organisation, comme dans sa politique, l'*Internationale* est la négation du vieux principe d'autorité, dont l'humanité a tant de peine à se débarrasser.

N'adoptant aucune école, aucune secte, les étudiant et les discutant toutes, elle est devenue, si l'on peut s'exprimer ainsi, le corps vivant, agissant, progressif et synthétique du socialisme. A moins de manquer à la grande tâche qu'elle s'était donnée, et de se réduire aux mesquines proportions d'un groupe de sectaires, elle ne pouvait agir autrement.

Le temps n'est plus où un homme de génie créait de toutes pièces, dans son cerveau, un système social plus ou moins scientifique, et le présentait comme parfait et inattaquable à l'adoption de ses contemporains. L'étude est descendue dans les masses ouvrières et, ne nous contentant plus de croire ou de rejeter, nous voulons étudier, comprendre et savoir.

Il n'en reste pas moins acquis que les pères du socialisme doivent être considérés comme des bienfaiteurs de l'humanité, car chacun d'eux, au milieu de beaucoup d'erreurs, a apporté des vérités qui sont autant de jalons plantés dans la voie du progrès humain.

Saint-Simon s'est trompé lorsqu'il vit l'avenir de l'humanité dans l'établissement d'une *théocratie industrielle* dispensant la justice selon le mérite de chacun, apprécié par une autorité supérieure ; mais il a été véritablement homme de génie lorsqu'il s'écrie que l'humanité, qui a d'abord été appelée à vivre sous le régime *féodal et mili-*

laire, doit passer sous le régime *administratif* ou *industriel* et organiser, en conséquence, la *paix universelle*, la *production*, la *répartition des produits*, et chercher un idéal nouveau.

De même Fourier se trompe lorsque, dans son *Phalanstère*, il laisse subsister l'inégalité en raison du *capital* et du *talent* qu'apportera chacun des associés, en basant toute sa morale sur l'essor normal des passions ; mais combien lui devons-nous pour la découverte de son admirable *loi sériaire*, base fondamentale de l'*association intégrale*, pour ses idées profondes sur l'instruction, pour son grand souci de la liberté et du développement complet de chaque être hemain, toutes choses qu'il a le premier formulées scientifiquement.

Tout en n'acceptant pas, avec Auguste Comte, la division maintenue de directeurs non élus et de travailleurs, dans l'industrie, nous disons, comme lui, que la dignité humaine et le bonheur social reposent surtout sur le devoir librement accepté et noblement accompli ; nous prêchons l'équilibre des droits et des devoirs et l'obligation, pour tous ceux qui rêvent leur affranchissement, de s'en rendre dignes par un grand dévouement à la cause commune, par l'étude et la moralité personnelle.

Tout en rejetant la partie religieuse des systèmes de Pierre Leroux, du Fusionisme, du Saint-Simonisme et les conceptions *transmondaines* de Fourier, nous n'en reconnaissons pas moins, avec ces diverses écoles, qu'il est nécessaire que l'humanité sorte de l'anarchie intellectuelle ; que par la science elle augmente rapidement le nombre des vérités démontrées et qu'elle appelle tous ses enfants à la réalisation d'un idéal commun.

Avec tous les socialistes, Proudhon et Comte exceptés, nous proclamons l'égalité de droits pour la femme, d'abord comme une œuvre de justice, ensuite comme une cause de moralité plus élevée, de dignité plus grande et de perfectionnement plus rapide pour les membres de la grande famille humaine.

Avec tous, nous voulons pour l'enfant *l'instruction intégrale et professionnelle*, aux frais de la commune.

L'école *communiste* a pu errer en accordant toute science, toute justice, tout pouvoir à l'Etat universel. Au moins, elle a noblement posé la question dans son sens le plus large, en faisant de la solidarité humaine, qui est déjà une nécessité, un devoir social. Et comme l'a si bien dit le chef de l'école positiviste, Auguste Comte : *Le communisme ne comporte d'autre réfutation que la solution du problème qu'il pose.*

Dans sa réaction exagérée contre le communisme, Proudhon établit les droits imprescriptibles de la personnalité humaine et forçant à l'étude ses adversaires comme ses disciples, il amena le socialisme à sortir de ses formules contradictoires, à se produire au grand jour ; à sortir de l'aspiration humanitaire pour devenir une science positive et grandissante et à se débarrasser de son clinquant sentimental.

Evidemment, l'étude du socialisme théorique fut d'abord l'une des plus importantes préoccupations des membres principaux de l'*Internationale* ; mais les empiétements successifs et la funeste prédominance du capitalisme parasite dans les rapports sociaux contraignirent les *congrès internationaux* à donner aux faits sociaux le pas sur l'idée socialiste elle-même.

Ceci explique pourquoi le Congrès de Genève s'en tint aux détails. On y combattit l'intérêt du capital ; on y montra les funestes effets du perfectionnement des machines et de la généralisation de leur emploi, sous la domination exclusive du capital ; on y recommanda les banques ouvrières et le crédit entre travailleurs ; on y déclara la religion chose de conscience individuelle et ne devant pas intervenir dans les relations sociales ; on y

proclama la liberté absolue de l'enseignement; on y con-
damna les armées permanentes comme ruineuses au
point de vue économique et l'on conclut par conséqnent
à leur suppression; on y exalta l'*égal-échange*, en un
mot on y commenta Proudhon.

Le Congrès de Lausanne se montra essentiellement
organisateur. Il s'occupa d'abord des sociétés coopérati-
ves qui faisaient alors fureur; et voyant dans les *coopé-
rateurs* beaucoup de tendance à constituer une sorte de
quatrième état composé des ouvriers les plus intelli-
gents, sorte d'aspirants à la bourgeoisie, et jugeant que
ce moyen n'était pas de nature à arracher la grande
masse à la misère, il prit la mémorable résolution dont
voici le texte :

« 1º Le Congrès pense que les efforts tentés aujour-
d'hui par les associations ouvrières (si celles-ci se géné-
ralisent en conservant leur forme actuelle), tendent à
constituer un *quatrième* état ayant au-dessous de lui un
cinquième état plus misérable encore;

« 2º Pour obvier à ce danger, le Congrès pense qu'il
est nécessaire que le prolétariat se convainque bien de
de cette idée : que la transformation sociale ne pourra
s'opérer d'une manière radicale et définitive, que par des
moyens agissant sur l'ensemble de la société et con-
formes à la réciprocité et à la justice;

« 3º Néanmoins, le Congrès pense que tous les efforts
des sociétés ouvrières doivent être encouragés, sauf à
faire disparaître autant que possible, du sein de ces associations, le prélèvement du capital sur le travail, c'est-
à-dire à y faire pénétrer l'idée de mutualité. »

Le Congrès de Bruxelles s'occupa surtout d'organiser
une vaste confédération de sociétés de résistance; mais,
en même temps, il traita la question capitale de la propriété. Des penseurs ouvriers vinrent démontrer, après
Proudhon, que la propriété individuelle ne trouvait nul-

lement sa légitimation dans le passé; que la jurisprudence qui l'avait sanctionnée, que les droits de conquête, de concession législative, d'usance, du premier occupant, etc., laissaient subsister en entier le droit des générations futures.

« Par conséquent, ajoutaient-ils, la propriété individuelle est un simple *fait social* que nous avons le droit de discuter et de rectifier, si son utilité n'est pas démontrée. »

Et alors, envisageant la question au point de vue économique, ils prouvaient que la propriété individuelle entrave l'évolution économique qui tend à transformer la production et la circulation; qu'elle est un obstacle à l'emploi de la *force collective*.

Il est en effet évident que la *force collective*, si elle agit en ayant pour base la propriété individuelle, ne servira qu'à développer de plus en plus le servage industriel, commencé par la grande industrie et poursuivi avec tant de constance par les compagnies financières.

Ils conclurent à l'*appropriation collective*.

Néanmoins, et pour faire droit aux réclamations *mutuellistes*, on porta encore la question d *propriété* à l'ordre du jour du Congrès de Bâle.

Au Congrès de Bâle, le rapport de la Section bruxelloise, lu par De Paepe, et de beaucoup le plus important, débutait en ces termes :

« Dans le rapport sur la même question, présenté l'année dernière par la Section bruxelloise au Congrès de Bruxelles, nous avons établi que les mêmes nécessités sociales , qui avaient exigé autrefois la constitution de la propriété foncière individuelle, exigeaient aujourd'hui l'entrée du sol à la propriété collective. Puis, de l'observation des phénomènes économiques qui se produisent sous nos yeux, nous avons conclu que les tendances actuelles poussent à rendre chaque jour plus impérieuse cette nécessité de l'appropriation collective du sol, et conduisent elles-mêmes vers cette transformation.

« Nous plaçant alors au point de vue de l'évolution naturelle de ces phénomènes économiques, nous avons dit comment, dans les pays de petite propriété, le partage des successions morcelait le sol en parcelles de plus en plus ténues, mais comment aussi les inconvénients de ce morcellement devaient finir par amener les paysans propriétaires à sa culture par association, et à la mise en commun des parcelles, d'abord; plus tard peut-être, à la solidarisation de ces associations; dans tous les cas, à un système de co-propriété, à une espèce de propriété collective; comment encore dans ces mêmes pays, en France entre autres, un phénomène tout nouveau et d'une importance très-grande, la mobilisation du sol et l'application de l'anonymat à l'agriculture, pousse à la reconstitution de la féodalité terrienne et du salariat agricole; mais comment aussi, par la transformation des salariés en associés, cette nouvelle tendance conduit aussi définitivement à une espèce de propriété collective; comment enfin, dans les pays de grande propriété territoriale, en Angleterre, notamment, les statistiques nous montrent cette propriété se concentrant de plus en plus entre quelques mains peu nombreuses. Mais comment aussi de cette diminution graduelle des propriétaires, il résulte qu'à un moment donné leur nombre arrivera à 0, vu que, par l'absence de toute descendance de la race des propriétaires, la terre s'y trouverait être un beau jour la propriété collective de la nation.

« On le voit, nous indiquions spécialement dans ce rapport une transformation lente, graduelle et successive, résultant de la marche naturelle des phénomènes économiques.

« Mais il faut bien le reconnaître, cette évolution lente et graduelle, qui est le point de vue auquel se place l'économiste, n'est pas le seul auquel doive se placer tout homme qui sait que les lois économiques sont loin d'être absolues et inflexibles et que l'intervention humaine peut les modifier.

« En effet, l'histoire nous apprend que maintes fois le peuple est intervenu collectivement, soit pour hâter les résultats d'une évolution naturelle, soit pour les arrêter subitement, en transformant de fond en comble les institutions qui faisaient le point de départ ou l'objet de cette évolution naturelle.

« C'est à cette intervention collective que l'on a donné le nom de Révolution.

« Ne s'occuper que du terme auquel peut aboutir l'évolution naturelle des phénomènes, ce serait donc se montrer simpliste : ce ne serait pas faire de la science sociale complète, puisque ce serait négliger, dans la prévision de l'avenir, toute une série d'événements possibles ou même probables ; ce serait peut-être faire de l'économie politique, mais non à coup sûr de la véritable sociologie.

« En présence des idées rénovatrices qui agitent les cerveaux, en présence surtout de la soif d'affranchissement qui s'est emparée des masses ouvrières, nous croyons que l'évolution lente des phénomènes économiques n'aura pas le temps de s'opérer. C'est que l'évolution mentale, la marche des idées, le progrès des aspirations, ont tellement devancé l'évolution matérielle, la marche des faits, le progrès des institutions sociales, que ces derniers ne pourront rattraper les premiers qu'à la condition qu'une secousse brusque et violente les pousse en avant.

« Les travailleurs n'auront pas la patience d'attendre les résultats d'un mouvement lent et pacifique ; ils disent qu'assez longtemps ils ont souffert et qu'ils veulent voir un terme à leurs longues souffrances.

« Il est donc de la plus haute probabilité que la transformation de la propriété se fera non par le cours aveugle
et fatal des choses, mais par l'intervention intelligente et
réfléchie des hommes ; non par *évolution*, mais par *révolution*. »

Le rapport conclut à l'entrée du sol et des instruments
de travail dans la collectivité, et le Congrès, après une
discussion approfondie, adopta les conclusions du rapport en votant les résolutions suivantes :

« 1° La société a le droit de faire entrer le sol et les
« instruments de travail dans la propriété collective.

« 2° Il y a nécessité de faire entrer le sol et les instru-
« ments de travail dans la propriété collective. »

Le Congrès qui, en 1870, devait se tenir d'abord à
Paris, ensuite à Mayence, n'ayant pu avoir lieu à cause
de la guerre, la question en est restée là. Néanmoins,
des tendances communes de la majorité des membres de
l'*Internationale*, s'est dégagée une idée générale qu'on a
appelée *collectivisme*.

Qu'est-ce donc que le collectivisme ?

« Avant l'Association internationale, dit un délégué au
Congrès de Bâle, lorsque les théories socialistes ne se
composaient que de dissertations métaphysiques, plus
ou moins raisonnables, deux théories générales parurent
primer toutes les autres : le communisme et le mutuellisme.

« Le communisme, qui ne voit ni liberté, ni intérêt individuel, ni initiative individuelle ; le communisme, qui ne peut concevoir que dans l'organisation sociale, l'individualité ait un rôle distinct, un attribut spé-
cial, et qui veut la fondre complétement dans le grand
bloc communautaire, parce que, dans cet ordre d'idées,
c'est là seulement qu'elle peut trouver le bonheur.

« Et le mutuellisme qui veut, au contraire, que l'organisation sociale, soit une résultante de la combinaison

des forces individuelles, qui veut en tout et partout sauvegarder l'action et l'autonomie de l'individualité et la relier aux autres individualités par la fédération.

« Le communisme n'ayant d'autres bases morales qu'un sentiment mal éclairé de fraternité, est forcé d'adopter pour mobile général du système, un grand centre répartiteur et organisateur.

« Le grand moyen d'action le pivot du mutuellisme, c'est la constitution de la valeur. En effet, pour établir l'égal échange, l'échange à prix de revient, il faut que la valeur soit constituée.

« Mais, où trouver le critérium de la valeur?

« Selon Proudhon, c'est l'heure de travail. Il est bon de faire observer que les socialistes de l'*Internationale* ont tous été plus ou moins proudhoniens; et d'ailleurs, ils en ont tous gardé quelque chose. Si maintenant nous ne le sommes plus, c'est que nous avons reconnu qu'il n'y a pas et qu'il ne peut y avoir de mesure de la valeur.

« Si on voulait absolument constituer la valeur, on arriverait à tarifer les produits, sans tenir compte ni du plus ou moins de talents, ni des études, ni de tout ce qu'on aurait dépensé de force morale et matérielle pour fabriquer ces produits.

« Le mutuellisme arriverait ainsi, par une voie opposée, au même résultat que le communisme; il foulerait aux pieds le droit individuel.

« Mais, en reconnaissant cette vérité, nous avons, comme de raison, également reconnu, que, bien que l'égal échange, l'échange à prix de revient, soit une chose qui nous tienne fort à cœur, la condition essentielle, la base fondamentale, la loi suprême et naturelle de l'échange, c'est la liberté.

« Or, la liberté de l'échange implique nécessairement

la liberté complète du travail, c'est-à-dire l'absence de toute réglementation dans le fonctionnement des rouages économiques.

« Tout cela est palpable.

« Mais il nous restait alors une immense difficulté à résoudre.

« Comment faire, nous sommes-nous dit, pour que cette liberté de l'échange et du travail puisse réellement exister, c'est-à-dire pour qu'elle existe pour tous les producteurs ; car autrement, elle ne serait qu'un despotisme déguisé ?

« Là gît, selon nous, tout le problème social.

« Nous avons logiquement abouti à ce raisonnement net et concis comme une proposition géométrique :

« Cette liberté, ce déploiement, cet épanouissement sans contrainte des facultés de *tous* les individus ne pourraient exister qu'à la condition d'être sauvegardés et garantis par une base sociale commune, par des droits et des devoirs communs.

« La liberté ne peut pas être individuelle sans être collective et *vice versa*. C'est-à-dire qu'il est de droit et de nécessité que la liberté soit fondée sur la solidarité économique de tous les individus. Et cette affirmation de la science économique est absolument d'accord avec les enseignements de l'histoire et de la philosophie.

« Les hommes naissent tous également nus et également impuissants. Aucun d'eux n'a donc, par conséquent, le jour de sa naissance, un droit supérieur à celui des autres ; au contraire, ils ont tous un droit égal aux produits de la nature et à la richesse sociale acquise par les générations passées, et ils ne peuvent se le garantir réciproquement que par la solidarité. Si la prévoyance sociale n'empêchait pas que les suggestions de l'égoïsme l'emportassent, il y aurait une grande masse sacrifiée et la société serait placée, comme aujourd'hui, sur un cratère toujours prêt à faire éruption.

« La société doit donc, sous peine de n'être qu'une horde barbare et indisciplinée, reconnaître le droit égal de tous les hommes et des moyens équivalents d'entretien, d'éducation, de développement, d'instruction, etc., etc.

« C'est, en d'autres termes, déclarer qu'en droit, la richesse sociale acquise, le capital accumulé, sont inaliénables et intransmissibles par voie d'hérédité ; tandis qu'au contraire, la production journalière, le produit du travail actuel, la récompense de l'effort individuel, doivent appartenir absolument et exclusivement à l'individu.

« Avant que l'homme soit formé, nous disons : *A chacun selon ses besoins.* Quand il est formé nous disons : *A chacun selon ses œuvres.* Voilà le collectivisme. »

Je me hâte de le dire, pour rester dans la vérité, tout le monde n'est pas *collectiviste* dans l'*Internationale.* Beaucoup sont restés *mutuellistes*, d'autres sont entièrement *communistes* et le collectivisme est plutôt la grande moyenne que la doctrine de l'*Internationale.*

Car, il est bien entendu, ainsi que je l'ai déjà dit, qu'il n'y a pas d'orthodoxie dans la grande association. Chacun y arrive avec une liberté complète de pensée et de conception sociales.

Comment en serait-il autrement? l'Internationale est devenue, comme je vous le disais en commençant, la grande personnification du socialisme agissant, vivant, investigateur, progressif; elle a absorbé pour les transformer et les livrer au creuset de la discussion, les diverses données du socialisme théorique ; elle ne pouvait être que la grande élaboration d'un socialisme impersonnel, mais scientifique et visant à une application universelle, sans prétendre tout prévoir et tout réglementer, et laissant une large part aux incessantes modifications de l'expérience. Tel devait être, tel est le socialisme de l'*Internationale*.

www.ingramcontent.com/pod-product-compliance
Lightning Source LLC
Chambersburg PA
CBHW061232030726
47595CB00004B/1492